Libro de lectura

Juguemos a leer

Catalogación en la fuente

Ahumada, Rosario
   Juguemos a leer : libro de lectura. -- 6a ed. --
México : Trillas, 2006 (reimp. 2007).
   104 p. : il. col. ; 23 cm.
   ISBN 968-24-7635-6

   1. Lectura (Elemental). I. Montenegro, Alicia. II. t.

D- 372.41'A637j   LC- LB1525.26'A4.4   531

División Administrativa
Av. Río Churubusco 385
Col. Pedro María Anaya, C. P. 03340
México, D. F.
Tel. 56884233, FAX 56041364

División Comercial
Calzada de la Viga 1132
C. P. 09439, México, D. F.
Tel. 56330995
FAX 56330870

www.trillas.com.mx

Miembro de la Cámara Nacional de
la Industria Editorial
Reg. núm. 158

Primera edición OR (ISBN 968-24-4569-8)
Ⓦ (8-9-OR)
Segunda edición OI (ISBN 968-24-4783-6)
Ⓦ (OI, 4-7-OL, 5-8-OA, OM, OE)
Tercera edición OE (ISBN 968-24-5631-2)
Ⓦ (5-10-OX, OO, 1-3-9-SS, ST, 1-3-10-SR,
SI, 1-6-SL, SA)
Cuarta edición SA (ISBN 968-24-7251-2)
Ⓦ (8-SA)
Quinta edición SA (ISBN 968-24-7519-8)
Sexta edición SM (ISBN 968-24-7635-6)
Ⓦ (8-SM)

Reimpresión, 2007 *

Impreso en México
Printed in Mexico

Se imprimió en
Grupo Gráfico Arenal, S. A. de C. V.
AO 75 TSSW

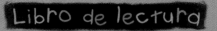

Libro de lectura

Juguemos a leer

Actividades para trabajar en competencias

Rosario Ahumada
Alicia Montenegro

EDITORIAL TRILLAS

México, Argentina, España
Colombia, Puerto Rico, Venezuela

Contenido de este libro

Diagramas de competencias

Presentación

Las letras:

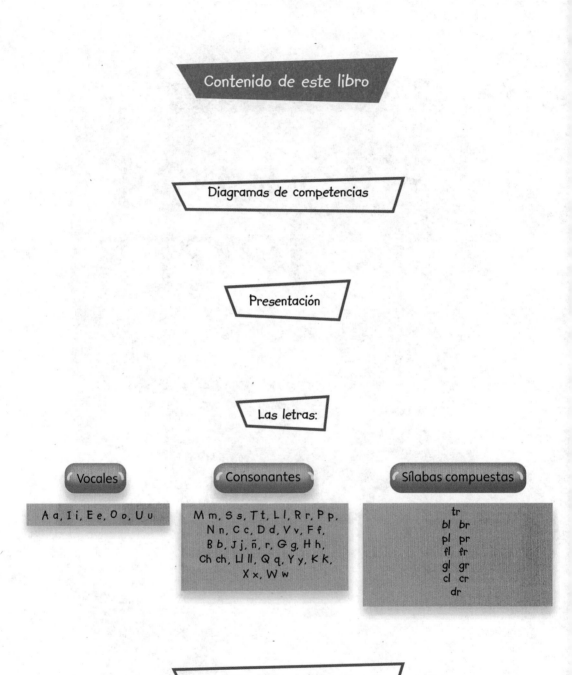

Vocales

A a, I i, E e, O o, U u

Consonantes

M m, S s, T t, L l, R r, P p,
N n, C c, D d, V v, F f,
B b, J j, ñ, r, G g, H h,
Ch ch, Ll ll, Q q, Y y, K k,
X x, W w

Sílabas compuestas

tr
bl br
pl pr
fl fr
gl gr
cl cr
dr

Mis primeras lecturas

Juguemos a leer

Libro de lectura

Guía didáctica

Es la Guía didáctica la que articula y orienta el trabajo del maestro. En ella se sugieren actividades, dinámicas, juegos y experiencias vivenciales y socializadas orientadas al desarrollo de algunas competencias.

Lectura

Manual de ejercicios

Ejercicios

Material concreto

Apoyo didáctico

Escritura

Tareas script y cursiva

En el mapa conceptual que aparece en las páginas 6 y 7 se puede ver la ruta hacia la construcción de la competencia comunicativa. Dentro de las actividades cognitivas de Juguemos a leer *Libro de lectura* se trabaja el eje de Lenguaje y comunicación, que en las experiencias didácticas sugeridas se une a los ejes de Actitudes y valores para la convivencia y Aprender a aprender.

Como se puede notar al ver los colores del gráfico, en este libro se le da mayor peso a la lectura. Sin embargo, en el enfoque por competencias se siguen trabajando de manera natural los otros aspectos del eje de Lenguaje y comunicación (lengua hablada, escritura, recreación literaria y artística), en una experiencia integrada de aprendizaje.

El mapa conceptual es el reflejo de las posibilidades que el libro ofrece para que el maestro cree situaciones didácticas en las que los niños puedan incrementar sus competencias comunicativas.

Competencias
comunicativas en el

Libro
de lectura

Eje: Lenguaje y comunicación

Expresión oral

Lectura

Expone lo
que conoce y
comprende;
narra y
describe.

Lee un texto
apoyándose
en las
imágenes para
comprenderlo.

Lee en voz alta
y con claridad
textos sencillos
para otros.

Disfruta y
expresa sus
emociones al leer
y escribir diversos
textos literarios.

Expresa ideas y
sentimientos
de manera
verbal, gestual
y corporal, en
obras teatrales
sencillas.

Repite e inventa
versos, rimas y
canciones que
le gustan
o que él
mismo inventa.

Propone
movimientos
y sonidos para
acompañar
canciones y
sonidos.

Competencias
comunicativas:
1, 2, 3, 4*

Competencia
comunicativa:
5*

Competencia
comunicativa:
6*

Competencia
comunicativa:
12*

Competencia
comunicativa:
13*

* Estos números nos dicen qué competencia comunicativa se está
desarrollando en el primer ciclo de Competencias para la Educación Primaria.

El **enfoque pedagógico** es la visión que se tiene de la educación, la manera en que entendemos cómo se llega al aprendizaje. El enfoque va al salón de clases cuando el maestro propone situaciones didácticas y pone énfasis en ciertos procesos de aprendizaje. En este libro el enfoque es cognitivo, comunicativo y orientado al desarrollo de competencias. Pretendemos que contribuya a lograr que los niños utilicen eficazmente la lengua oral y escrita en todas las áreas en que necesiten servirse de ella para comunicarse y expresarse.

El **método** es la aplicación progresiva y secuenciada con que se aprende algo; en este caso, a descubrir y adquirir la lectura y la escritura con el método fonético que ha hecho clásico a JUGUEMOS A LEER.

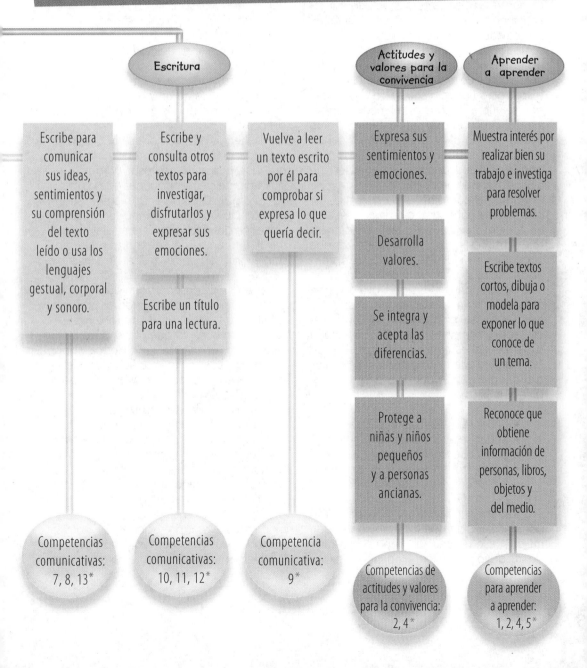

Escritura

Escribe para comunicar sus ideas, sentimientos y su comprensión del texto leído o usa los lenguajes gestual, corporal y sonoro.

Escribe y consulta otros textos para investigar, disfrutarlos y expresar sus emociones.

Escribe un título para una lectura.

Vuelve a leer un texto escrito por él para comprobar si expresa lo que quería decir.

Actitudes y valores para la convivencia

Expresa sus sentimientos y emociones.

Desarrolla valores.

Se integra y acepta las diferencias.

Protege a niñas y niños pequeños y a personas ancianas.

Aprender a aprender

Muestra interés por realizar bien su trabajo e investiga para resolver problemas.

Escribe textos cortos, dibuja o modela para exponer lo que conoce de un tema.

Reconoce que obtiene información de personas, libros, objetos y del medio.

Competencias comunicativas: 7, 8, 13*

Competencias comunicativas: 10, 11, 12*

Competencia comunicativa: 9*

Competencias de actitudes y valores para la convivencia: 2, 4*

Competencias para aprender a aprender: 1, 2, 4, 5*

El enfoque por competencias
en la lectoescritura

El lenguaje, usado como competencia comunicativa, desempeña un papel fundamental en el aprendizaje y la adquisición de conocimientos en todos los campos de la actividad humana. Si somos competentes para comunicarnos, se abren ante nosotros infinidad de posibilidades para apropiarnos del mundo físico (lo concreto) y abstracto (los conceptos). La comunicación se vuelve, entonces, el medio fundamental para conocer, ser y hacer. Como ayuda al niño a vincularse con el mundo interior y exterior, uno de los objetivos principales de la educación básica es enseñarlo a usar la lengua oral y escrita.

Desde el punto de vista educativo, ser competente para hacer algo implica poseer un conjunto de capacidades: conocimientos, actitudes, habilidades y destrezas que se adquieren mediante procesos de aprendizaje. No obstante, estas capacidades no sólo deben adquirirse; si se trata de competencias, éstas deben manifestarse (es decir, aplicarse) en situaciones y contextos diversos, y con fines muy distintos, según sus necesidades e inquietudes personales. Esto significa que la competecia se lleva más allá del área en la que fue desarrollada, porque implica:

- Saber ser (valores y actitudes).
- Saber hacer (habilidades).
- Saber conocer (conocimientos).
- Saber transferir a otros contextos (resultado o evaluación).

Las investigaciones y la experiencia docente señalan que los niños aprenden mejor si ese aprendizaje representa algo significativo para ellos, si parten de experiencias cotidianas para construir ese aprendizaje y suman vivencias que los llevan a nuevos descubrimientos.

Pero no ingresan a la escuela desprovistos de formación: ya cuentan con un buen conocimiento del lenguaje oral: han aprendido a hablar y escuchar, saben pedir lo que necesitan, conversar con otras personas y hacerse de amigos, discutir, cantar, inventar historias y narrarlas, contar cuentos…

Debemos aprovechar ese bagaje para extender al aula la competencia lingüística que han adquirido en casa; para ello, es conveniente crear situaciones que los motiven a comunicar sus pensamientos, sentimientos, ideas, que los impulsen a expresarse con claridad, a escuchar a los demás.

A diferencia del aprendizaje del lenguaje oral, aprender a leer y a escribir requiere de una enseñanza sistemática. Ese proceso de enseñanza inicia desde los primeros años de vida, cuando los padres o adultos cercanos al niño le narran un cuento, cuando observa que otros niños leen, ve anuncios en la calle o mira la televisión; no obstante, es en la escuela en donde se implementa un programa dosificado para que adquiera la lectoescritura.

El modelo de enseñanza-aprendizaje que propone JUGUEMOS A LEER. *Libro de lectura* y *Manual de ejercicios* está fundamentado principalmente en un enfoque cognitivo, el cual retoma las leyes de la psicología del aprendizaje: el niño aprende discriminando, diferenciando, comparando.

Sin embargo, hemos enriquecido dicho modelo con las aportaciones de nuevos enfoques, que conceden gran importancia a la inmersión cada vez más temprana de los niños en el lenguaje escrito y al contexto ambiental y lingüístico; para hacer del aprendizaje de la lectoescritura una experiencia significativa.

Juguemos a leer también se basa en investigaciones que confirman que la enseñanza temprana de los elementos fónicos del lenguaje produce mejores resultados en el aprendizaje de la lectoescritura. Cuando el niño tiene la oportunidad de desarrollar la conciencia fonológica (es decir, discrimina los sonidos del lenguaje, la combinación de éstos y la secuencia que tienen cuando se forman sílabas y palabras), descubre que las letras juntas significan algo más que un sonido, evocan una imagen, un concepto o una idea, aprenden a identificar el sonido con el que empieza y termina una palabra, a reconocer las sílabas y las palabras que riman, a formar oraciones, a entenderlas y producirlas, a comprender un texto.

Las investigaciones demuestran que existe una relación positiva entre el desarrollo de la conciencia fonológica y el éxito en la lectura y escritura, la cual debemos tomar en cuenta como parte de un proceso que ayuda al niño a leer un texto para llevarlo a la comprensión del mismo.

Creemos que la integración de las aportaciones provenientes de diversos enfoques ayudará a la construcción de un aprendizaje significativo, útil y perdurable.

¿Cómo es Juguemos a leer?

Sin perder su esencia cognitiva, Juguemos a leer. *Libro de lectura* y *Manual de ejercicios* se ha enriquecido con aportaciones provenientes del enfoque por competencias, con el convencimiento de que ser competente para leer y escribir implica no sólo decodificar un código (la lengua), sino mucho más: usar ese código como herramienta para ser, hacer, conocer, transferir. Con tal fin, se han replanteado los contenidos para incluir en ambos libros una sección a pie de página con preguntas y sugerencias basadas en los indicadores de competencias; a partir de esas preguntas pueden originarse experiencias didácticas. Es en éstas en las que el desarrollo de las competencias encuentra un espacio privilegiado, porque sirven como un eje en torno al cual se abordan los contenidos (la enseñanza de la lectoescritura) y se llevan más allá, hacia el avance en el dominio de competencias lectoras, de escritura y de la vida diaria; esto significa que mientras se avanza en el camino de ser competente para leer y escribir, también se adquieren herramientas para el lenguaje y la comunicación (oral, escrita, gestual) y, por tanto, para muchas otras áreas de la actividad humana.

Libro de lectura

Este libro tiene como meta llevar al niño a la apropiación de la lectura. Para esto debemos tocar un conjunto de estaciones, al igual que cuando se hacen varias paradas antes de llegar al destino final, que se convierte, a su vez, en un nuevo punto de partida. Así, se inicia con palabras en las que los niños "descubrirán" poco a poco las letras y las asociarán tanto con su sonido como con la grafía convencional (en letra script y en letra cursiva) para formar desde ese momento palabras y oraciones con sentido.

Se presentan palabras que constituyen un vocabulario significativo para los niños, pues evocan en ellos imágenes cotidianas y familiares; no obstante, también se introducen términos nuevos para que incrementen su manejo de la lengua. Estos vocablos nuevos pueden explicarse por medio de ilustraciones, recortes de fotografías o mímica.

La letra que se estudia aparece destacada con un color distinto (tanto en letra script como en cursiva), de manera que los niños pueden distinguirla, localizarla en el contexto de una palabra, escuchar su sonido y repetirlo en voz alta de manera recurrente hasta descubrir la correspondencia entre la grafía y el sonido. Esto también les permite reconocer las características de su trazo.

Las oraciones finales siempre están relacionadas con la ilustración de cada página, ya que deseamos que los niños encuentren sentido a los enunciados contemplando un estímulo visual. Además, ellos pueden leerla fácilmente, pues en su escritura sólo se emplean letras y sílabas presentadas con anterioridad.

La sección Mis primeras lecturas ofrece al maestro la oportunidad de guiar al niño para que éste adquiera paulatinamente la capacidad de analizar y comprender aquello que lee. Así, el alumno podrá identificar personajes y entender las ideas principales de los textos, vivenciar los sentimientos y asociarlos con sus propias experiencias y emociones: la lectura entonces se convierte en un vehículo de expresión tanto en el nivel cognitivo como en el emotivo.

Manual de ejercicios

El *Manual de ejercicios* está dedicado al ejercicio constante del lenguaje escrito, por consiguiente, también a la lectura, aunque no necesariamente con fines de disfrute literario. En este libro se concede especial atención al desarrollo de habilidades cognitivas (observar, discriminar, comparar, ordenar, clasificar, decodificar, entre muchas otras), que servirán para la decodificación del sistema de escritura,

indispensable para la expresión escrita y la comprensión lectora.

Los ejercicios van desde unir una ilustración con la palabra que le corresponde, elegir una palabra de acuerdo con la imagen, relacionar oraciones con una ilustración, comparar palabras escritas en letra script y cursiva, interpretar imágenes y asignarles la grafía convencional, elegir las sílabas que forman la palabra que identifica a una imagen, escribir letras, palabras, oraciones, contestar preguntas, hasta producir textos propios y leer.

Anteriormente el peso mayor era para la letra script; ahora, la cursiva también se practica en innumerables oportunidades, por lo que los niños aprenderán a escribir y a leer con soltura ambos tipos de letra.

Las entradas de unidad han sido ilustradas artísticamente; si comentan qué ven, qué les gusta, qué se describe y hablan de sus experiencias con lo ilustrado, comenzarán también con una experiencia significativa que los irá acercando cada vez más a la expresión verbal y escrita, así como a la recreación estética.

La sección de autoevaluación es sólo una propuesta de diagnóstico, uno más de los muchos instrumentos de evaluación con que usted cuenta, y los resultados de esas hojas no deben ser considerados absolutos: día tras día los niños dan indicios de cómo está ocurriendo el proceso de adquisición del conocimiento; el mejor diagnóstico será su observación cuidadosa, constante, ininterrumpida, aunado a la manifestación que ellos hagan de las competencias que desarrollan sin cesar.

Amigo maestro, deseamos que JUGUEMOS A LEER siga siendo un valioso apoyo y que sus alumnos se conviertan en felices y apasionados lectores, en competentes comunicadores de su propia experiencia humana, de su individualidad. Esa competencia comunicativa los pondrá en contacto con ellos mismos, con los demás y con la humanidad.

A a

Alma

Alma

árbol

árbol

a a

☆ Di en voz alta las letras **A**, **a** que encuentres en tu nombre.

11

I

india

india

Isa

Isa

i

☆ Formemos un círculo. Cada uno va a decir un nombre o palabra que empiece con i. A ver cuántas encontramos.

A I a I a i a

a A I a i a

i a A I a

i a A I a

i I a i A

☆ Vamos a formar las letras con nuestro cuerpo. Podemos intentarlo.

13

E ℰ

estrella

estrella

Ema

Ema

e ℓ

☆ Si el nombre de un compañero(a) empieza con E, describe cómo es él(ella). Los demás tendrán que adivinar de quién hablas.

E A e i a

E A e i a

i E e a I

i E e a I

E a I e A

☆ Vamos a decir en voz alta cada una de las letras. Cuando sean mayúsculas, nos ponemos de pie; con las minúsculas, nos sentamos.

15

O O

Omar

Omar

oso

oso

O O

Recorta de una revista palabras que tengan O, o. Comenta con los demás si la o se encuentra al principio, en medio, al final.

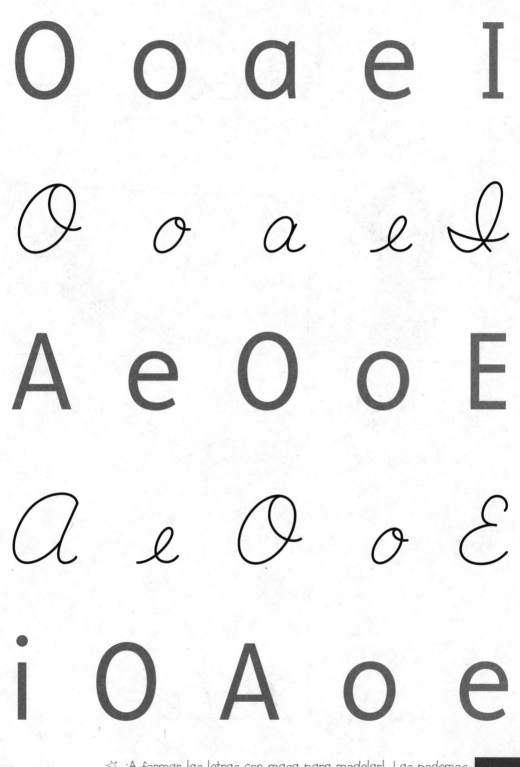

O o a e I

A e O o E

i O A o e

☆ ¡A formar las letras con masa para modelar!. Las podemos hacer de colores y sentir la forma de cada una.

U

Uriel

Uriel

uva

uva

u u

☆ Busca nombres de personas, animales o cosas en donde encuentres la **u**.
Puedes hacerlo con otros compañeros. ¿Cuántos encontraron?

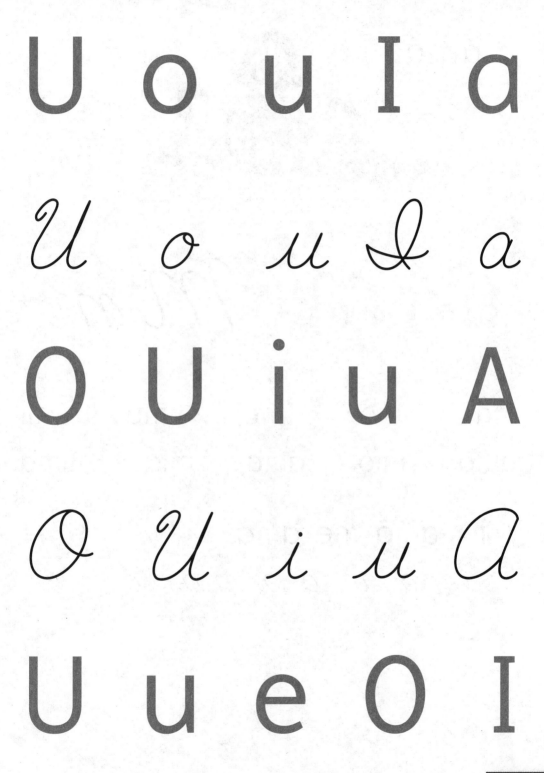

U o u I a

U o u I a

O U i u A

O U i u A

U u e O I

☆ Había una vez en el país de las letras, cinco que conozco bien...
continúa la historia de esas letras.

19

mamá

M m *M m*

ma   mo   me   mu   mi

amo   mío   ama   mía   mima

Mi mamá me ama.

Memo ama a mamá.

☆ Habla de tu mamá. ¿Por qué no la dibujas para que la conozcamos?

sol

S s *Ss*

sa	so	se	su	si

sus oso mis esa más museo

suma sumo masa mesa misa

Esa mesa es mía.

Susi ama a su mamá.

Susi se asoma a ese museo.

☆ ¿Cómo es el sol? Descríbelo.

tambor

Tam

Tom

Tom

T t *T t*

ta to te tu ti

tío tos tía siete mete

tose toma meta susto tomo

Mi tía toma té.

Tomás está .

Tomás usa su  .

☆ ¿Has ejecutado algún ritmo con un tambor? Usa tu cuerpo como tambor.

lápiz

L l   *L l*

la   lo   le   lu   li

lima   loma   miel   lista   lata   tela

sala   sola   salsa   alto   alma   sal

mil   suelo   isla   mala   ala   ola

El sol sale.

Lalo mete la maleta.

Luis toma su  .

☆ ¿Sabes de qué está hecho un lápiz? Investiga y cuéntanos.

23

rana

R r *R r*

ra	ro	re	ru	ri
rosa	risa	rata	torta	rosal
torre	tarro	tierra	sierra	mar

rama ramo remo martes río

Rosita se mete al río.

Rosita se ríe.

Rita, la , salta al río.

☆ ¿Cómo es una rana? Croa y salta como ella.

24

papá

P p *P p*

pa	po	pe	pu	pi
pato	palo	pasa	pala	papel
mapa	sopa	tapa	lupa	ropa

piso pelota perro puerta pelo

Pepe toma sopa.

Pilar tapa a su perro.

Papá es piloto.

☆ Cuéntanos cómo es tu papá y dinos si su nombre empieza con P.

25

niños

Nn *Nn*

na   no   ne   nu   ni

ratón   limón   león   listón   salón

nene   luna   rana   antena   pino

tina nene mano reina uno

Nino pinta un león.

Ana pinta un tulipán.

Natalia pinta unos 👦👧.

☆ ¿Cómo son las niñas? ¿Y los niños? ¿Conoces otra palabra para nombrarlos?

campana

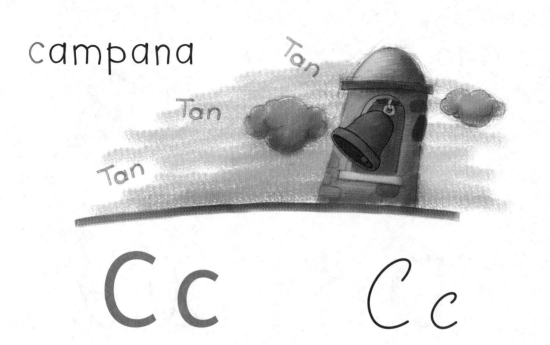

Tan Tan Tan

C c *C c*

ca   co   cu

casa   cosa   cuna   cana   camas

pico   mosca   roca   carta   coco

saco corral toca camisa poca

Carlos está en mi escuela.

Carlos nos lee cuentos.

Carlos toca la campana.

☆ Algunas campanas tienen nombre. Ponle uno a ésta.

dado

D d   *D d*

da	do	de	du	di
dado	dedo	rueda	miedo	día
codo	lodo	todo	nudo	nido

dime tarde adiós radio onda

Dani saluda a todos.

Dani cuida su cuaderno.

Dani me dio un dado.

☆ *¿Te gusta jugar a los dados? Organiza un juego y explica cómo jugarlo.*

vaca

V v   𝒱𝓋

va   vo   ve   vu   vi

vaca   vaso   vela   violín   uvas

pavo   viernes   selva   nieve   ver

ave nave suave calvo salvo:

Víctor voló en avión.

Vino en navidad.

Víctor vio a su vaca.

☆ ¿Sabes cómo se ordeña una vaca? Puedes investigarlo en un libro o preguntar.

29

1. Mi perro cuida la casa.

2. La pelota es de color verde.

3. Tu vestido es de lana.

4. El viento seca la ropa.

5. Mamá me lee un cuento.

6. Diana tiene unos dados.

7. La vaca mueve su cola.

8. El nene duerme en su cuna.

9. Los patos nadan contentos.

10. Emilio me dio unas rosas.

☆ Elige la oración que te guste y úsala como título para narrarnos un cuento.

foca

F f   𝓕 f

fa	fo	fe	fu	fi

farol	falda	fuente	forro
delfín	sofá	fiesta	favor

fantasma feo fuerte fino fue

Felipe se ríe al ver la foca.

Sofía le toma una foto.

Fifí, la foca, se divierte.

barco

B b   *B b*

ba   bo   be   bu   bi

botón   balón   escoba   loba   bat

barco   fútbol   burro   abuela

bebé   boca   árbol   nube   beso

Beto va por su abuelo.

Van a buscar a Beti.

Beti viene en el barco.

☆ Haz un barquito de papel y ponle un nombre con la letra **B**.

jaula

J j   𝒥 𝒿

ja	jo	je	ju	ji
abeja	oveja	burbuja	dibuja	
reja	ojo	rojo	caja	paja
jarra	reloj	jabón	conejo	

Juan cuida a los conejos.

Los deja correr en el jardín.

Juan sube la jaula al árbol.

☆ ¿Puedes reírte con ja ja ja? ¿Y con je je je? Sigue así con las demás vocales.

piña

ñ   ñ

ña   ño   ñe   ñu   ñi

piña niña sueña enseña leña

montaña cabaña pestaña baña

año otoño muñeca mañana uña

Toño es un niño risueño.

En la fiesta rompió la piñata.

Toño come piña con los niños.

☆ ¿Es bueno comer frutas? Dinos qué piensas sobre eso.

pera

r   𝓇

pera	tijera	fiera	pulsera ꞓ
loro	toro	jirafa	pájaro

cariño   sirena   verano   tarea

María corta peras del peral.

Laura las pone con las naranjas.

Rosario toma una pera.

☆ ¿Sabías que cuando la **r** está entre dos vocales su sonido es suave?
Observa las que están aquí.

gato

G g   *Gg*

ga   go   gu

gota   goma   agua   regalo   gas

tortuga   oruga   mago   lago   vago

juego   fuego   gusano   gaviota

Diego es amigo de Gabi.

Gabi le enseña su gato gordo.

Gabi le da agua al gato.

☆ ¿Tienes una mascota? Dinos cómo es y cómo la cuidas.

hormiga

H h *H h*

ha   ho   he   hu   hi

hada   hora   búho   humo   huevo

hueco   hijo   horno   hermana

hermoso   huele   hueso   hielo

Hilda es una hormiga.

Le gusta comer hojas.

Hilda pasea por la hierba.

☆ ¿Cómo es una hormiga de verdad? ¿Por qué no buscas una y observas lo que hace?

chimenea

Ch ch *Ch ch*

cha   cho   che   chu   chi

chica   mochila   hacha   leche

chaleco   chorro   noche   charco

lancha   mancha   dicha   ficha

Chucho vive en el rancho.

Toma leche con chocolate.

Echa leña a la chimenea.

☆ ¿Te gustaría usar las oraciones para inventar un trabalenguas?

llave

Ll ll   Ll ll

lla   llo   lle   llu   li

olla   argolla   toalla   medalla

lluvia   calle   caballo   gallo

ardilla   astilla   bella   pollo

En mi casa está el llavero.

Tiene llaves de colores.

Mi llave es la amarilla.

☆ "Había una vez una llave mágica"... ¿Qué sigue? Continúa la historia.

queso

Q q _2 q_

que   qui

queso   parque   bosque   quieto

raqueta   vaquero   orquesta

paquete   piquete   toque   choque

Quique es un ratón.

Su casa es pequeña.

Quique quiere comer queso.

☆ "Quiero poco queso, poco queso quiero..." es un juego de palabras.
¿Se te ocurre otro?

yoyo

Y y *Y y*

ya   yo   ye   yu   yi
mayo rayo tocayo hoyo apoyo
rey ley doy voy soy hoy hay
payaso yegua yeso desayuno

Yolanda juega con el yoyo.
Ayer ganó un concurso.
Yo le regalé su yoyo.

☆ ¡A jugar todos con el yoyo! Compartan lo que saben
para que sea más divertido.

guitarra

gue   gui

gue   *gui*

guía   guisado   guiñol   juguete

águila   hoguera   aguijón   sigue

albergue   *guitarra*   *jilguero*

Guille tiene un amiguito.

Es Miguel, y sabe cantar.

Guille toca la guitarra.

☆ Cántanos tu canción favorita. Tus compañeros pueden acompañarte.

pingüino

güe

güe

pingüino

yegüita

agüita

güi

güi

paragüero

paragüitas

ungüento

El pingüino vive en el hielo.

Busca su comida en el mar.

El pingüino está contento.

☆ Camina como pingüino. A ver si los demás adivinan
a qué animal estás imitando.

43

girasol

ge   gi

ge   *gi*

página   genio   geranio   magia

gente   ángel   gimnasia   gira

gelatina gigante gitano gesto

Gil y Sergio son gemelos.

Regina les da un girasol.

El girasol es amarillo.

 Adopta una plantita, así podrás cuidarla y ver cómo cambia con el paso del tiempo.

cepillo

ce　　　　　ci

ce　　　　　*ci*

cielo　　fácil　　cebolla　　cereal

vecino　　dulce　　caricia　　circo

calcetín　cigüeña　quince　doce

Ceci cepilla a su perro.

Alicia dice que es fácil.

Ceci lo peina con cepillo.

☆ ¡Vamos a ponernos guapos! Consigue un cepillo y péinate como quieras.

kayac

K k *K k*

ka   ko   ke   ku   ki

kilo   kayac   koala

kiosco   karate   kermés

Katia nació en Alaska.

Katia es una niña esquimal.

Katia viaja en kayac.

☆ ¿Por qué será que los esquimales están muy abrigados y viajan en kayac?
¿Qué sabes de ellos? Cuéntanos.

zapato

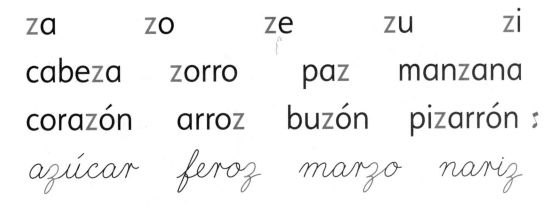

Z z   *Z z*

za   zo   ze   zu   zi

cabeza   zorro   paz   manzana

corazón   arroz   buzón   pizarrón

azúcar   feroz   marzo   nariz

Zacarías es zapatero.

Hizo mis zapatos azules.

Zacarías les puso un lazo.

☆ Pon a zapatear tus zapatos, pero tienes que quitártelos.
¿Cómo lo vas a hacer?

47

xilófono

X x *X x*

xa	xo	xe	xu	xi

México   taxi   éxito   sexto

texto   Xóchitl   exquisito

galaxia   oxígeno   excursión

Félix toca en una orquesta.

Es un excelente músico.

Félix toca el xilófono.

☆ ¿Podrías descubrir los diferentes sonidos de la **x** con sólo leer las palabras?

waterpolo

W w *Ww*

wa wo we wu wi

sándwich kiwi

Walter y Wendy son hermanos.

Wendy viaja a Hawai.

Walter juega waterpolo.

☆ ¿Sabías que la palabra *waterpolo* proviene del inglés?
Dinos otras palabras en inglés que conozcas.

49

Besos de colores

Los morados son para los que les duele la panza.

Los amarillos, para los que están felices.

Los azules, para los que están enojados.

Los rosas, para las niñas.

Y los cafés, para los niños.

trompo

tr *tr*

tra	tro	tre	tru	tri
postre	estrella	trapo	trenza	
letra	tren	trigo	triste	
teatro	*cuatro*	*metro*	*centro*	

Trini me regaló un trompo.

Hoy lo traje a la escuela.

Trini tiene tres trompos.

☆ ¿Cómo se juega al trompo? Enséñales a tus compañeros.

blusa

bl   bl

bla   blo   ble   blu   bli

blanco   blusa   habla   poblado

bloque   cable   establo   tabla

horrible   mueble   doble   niebla

Pablo vive en un pueblo.

Blanca es su hermana.

Blanca hizo una blusa.

✩ *Biblioteca es una palabra muy larga. Encuentra otras palabras con **bl**.*

bruja

br   *br*

bra	bro	bre	bru	bri
brazo	broma	nombre	brisa	
bruja	brocha	octubre	brinca	

libro   palabra   librería   abril

La bruja brinca y vuela con gato, escoba y sombrero.

La bruja se llama Brisa.

☆ "Había una vez una bruja...." Continúa la historia.

playa

pl   pl

pla   plo   ple   plu   pli

planeta   plancha   playa   plaza

plátano   plomero   placa   pluma

plato aplauso soplo manopla

Plácido va a la playa.

Busca estrellas de mar.

En la playa hay arena.

☆ Busca en revistas una fotografía de la playa. Describe lo que ves.

profesor

pr   *pr*

pra	pro	pre	pru	pri

prisa   primo   compra   precio

temprano   pronto   princesa

aprendo   *premio*   *precioso*

El profesor prepara una sorpresa
para la primavera.

Aquí está mi profesor.

☆ ¡Vamos a contar historias! Que tu profesor te cuente cómo era de niño.
Escríbelo.

55

flauta

fl   *fl*

fla   flo   fle   flu   fli

flauta   flojo   flotador

flama   flor   rechifla   flaca

florero   fleco   flan   flecha

Florián sabe tocar la flauta.

Tocó su flauta en un teatro.

Flor le llevó flores.

☆ Anima a tu maestro a narrar la historia del flautista de Hamelin.

fresa

fr   *fr*

fra	fro	fre	fru	fri

frijol   freno   cofre   francés

fresa   fruta   disfraz   frasco

frente resfriado fresco frío

A Fredi le gusta la fruta.

Las fresas son sus favoritas.

Come fresas con azúcar.

☆ ¿Qué puedes preparar con fresas? Escribe tu propia receta.

globo

gl   *gl*

gla   glo   gle   glu   gli

glorieta   renglón   inglés

globo   iglesia   glotón

regla   *iglú*   *gladiola*   *siglo*

En el parque hay un globero.

Vende globos de muchos colores.

Gloria le compró uno rojo.

☆ *¿Qué hace un globero? Juega a ser uno.*

grillo

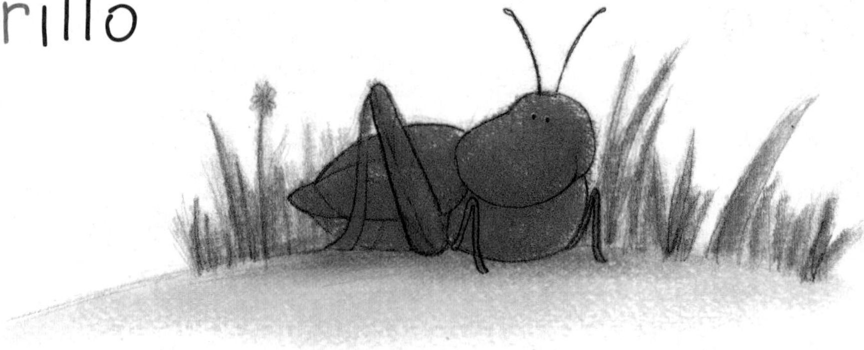

gr *gr*

gra gro gre gru gri

gracia grueso grillo alegre

grúa granja tigre granizo

lágrima grano agrio grupo

De noche se oyen los grillos.

Cantan con gracia.

Hay grillos muy grandes.

☆ ¡A buscar recortes de animales para formar un álbum!
¿Y si escribes sus nombres?

clavo

cl   *cl*

cla	clo	cle	clu	cli
clavo	clima	club	clóset	
clínica	tecla	eclipse	clip	
chicle	*ancla*	*clara*	*clase*	

Clara va a clase de pintura.

Mezcla colores y pinta con uno.

Clara vende clavos.

☆ Ayuda a Clara a dibujar un letrero para que pueda vender sus clavos.

crema

cr   *cr*

cra	cro	cre	cru	cri
recreo	crema	secreto	cruz	
crece	escribe	cría	cristal	

alacrán   *escritorio*   *croqueta*

Cristi y yo vamos al recreo.

Yo traje croquetas de pollo.

Cristi trajo fresas con crema.

☆ *¿Qué puedes compartir con los demás en el recreo?*

dragón

dr dr

dra dro dre dru dri

ladra cuadro padrino dragón

vidrio ladrillo madre piedra

cocodrilo ajedrez golondrina

Pedro quiere oír un cuento.

Adriana le lee uno de dragones.

Andrés pintó un dragón.

☆ Sería bueno inventar un cuento de dragones. ¿Por qué no lo haces?
Puedes escribirlo.

El reloj

Tic, tac. ¿Qué hora es?

Tic, tac, es hora de abrir los ojitos.

Tic, tac, pronto el agua caliente cae de la ducha.

Tic, tac, es hora de ir a la escuela y aprender.

●●● 36 palabras ●●●

☆ ¿Qué sucede en tu casa cuando el reloj dice que hay que levantarse?

La estrella de la tarde

Aparece la estrella amiga cuando se oculta el sol. La noche aún no llega, pero ya la estrella nos anuncia que vendrá.

La estrella de la tarde es limpia, de clara luz.

Cuando la veas, pequeño, prepárate a dormir.

●●● 44 palabras ●●●

☆ Observa el cielo y ve la primera estrella. Puedes inventar una canción para ella.

Un pececito dorado se esconde entre las rocas de la fuente. Nada, ligero, entre las plantas verdes: parece una flecha de oro perdida en el agua.

Pececito dorado, quisiera ser como tú, para juguetear en la fuente.

••• 37 palabras •••

 La lectura dice: "el pececito parece una flecha de oro ". ¿Por qué crees que se parecen? Coméntalo.

Ahora ponle un título a la lectura. Dibújate como si fueras un pez.

La nube

Nubecita blanca, pareces de algodón;
yo quisiera sobre ti saltar.

Nubecita rosada, ven y juega
conmigo; conviértete en un perrito;
ahora, en un dragón. ¡Huy, no!
¡Que me asustas! Prefiero que
te vuelvas un barquito o un ángel
de amor.

●●● 42 palabras ●●●

 Cuando ya se va a meter
el sol, las nubes
se ven rosadas.
¿Las has visto?
Es cuando se acaba el día.

¿Cómo son las nubes que has visto?
¿Qué formas y colores pueden tener?
Dibújalas.

Un niño risueño

Un niño risueño juega en el jardín.
Los pajaritos cantan en lo alto del pino
verde. Un sapo, asustado, contempla
su juego, mientras un rubio patito
nada contento.

Un conejo gris, desde su agujero,
lo acecha travieso. Dormita tranquilo
un caracol. Y el niño juega, juega
sin notar a los animalitos que
lo acompañan.

●●● 57 palabras ●●●

Esta lectura trata de...

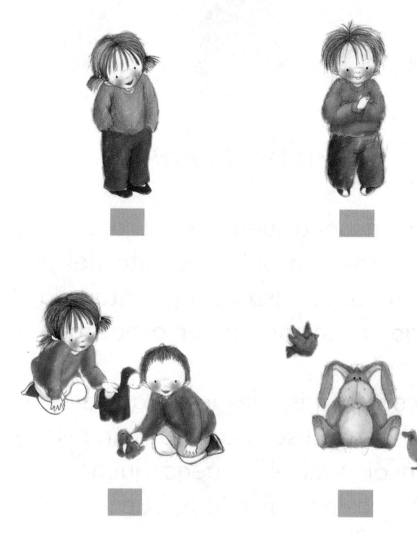

Marca con ✗ los dibujos que estén de acuerdo con lo que leíste.
☆ ¿Cómo es el niño de la lectura? Descríbenos lo que ves.

Las gotitas de lluvia

Llegan las gotitas de lluvia a alegrar el jardín; unas corren al arroyito, otras saltan entre la hierba.

Para ver todo, las flores asoman sus caritas frescas, sonrosadas y blancas.

Gotita de lluvia, la llama el jilguero, gotita de lluvia, la llama la flor, gotita de lluvia, canta el ruiseñor.

Y en mi paraguas canta la lluvia diciendo tin, ton, ton.

●●● 65 palabras ●●●

¿De qué trata esta lectura?

¿Te gusta jugar con las gotas de lluvia? Dibuja cómo juegas.

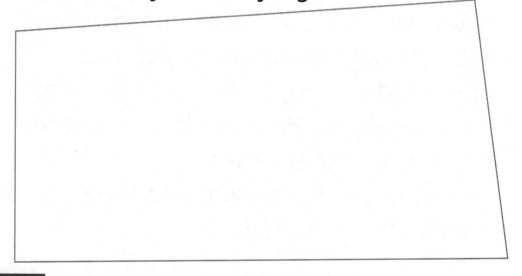

☆ ¿Has observado el cielo cuando va a llover? Cuéntanos cómo se ve.

El abuelo

Ya escucho sus pasos, ya suena
el bastón, y corro hasta la entrada
del camino de pinos: ¡Llegó el abuelo!

Me cubre de besos y, misterioso,
saca de su bolsa un regalito.

—¿Qué es, abuelo?

—Son dulces para mi muchachito.

Me pone su sombrero, me monto
en su bastón y por el mismo camino
volvemos juntos los dos.

●●● 60 palabras ●●●

¿Qué trae el abuelo de regalo?

Escribe aquí lo que trajo:

_____

_____

☆ Marca con **X** lo que esté de acuerdo con lo que leíste.
☆ ¿Te gustaría tener un abuelo como el del cuento?

El potro colorado

Caballitos pintos, negros y alazanes retozan y corren alegres por la pradera. Hay un potro colorado que yo quiero domar con mi nuevo lazo.

Aprenderá mil gracias que le voy a enseñar. Con un solo silbido lo llamaré, y siempre acudirá a mí. Será mi amigo y, en las noches de luna, saldremos juntos a pasear.

●●● 59 palabras ●●●

 Apoyo para leer

Un potro es un
caballo bebé de
1, 2, 3 o 4 años.
¿Has visto alguno?

Si tuvieras un potro, ¿qué nombre le pondrías? _____

¿Qué harías con él? Escríbelo o dibújalo aquí.

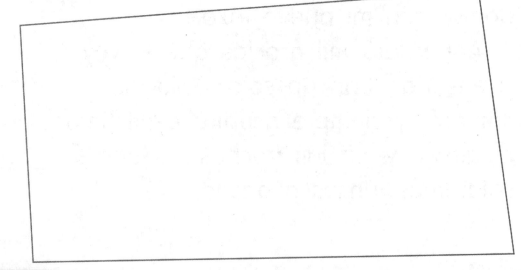

Mi caballo de palo

Es de palo mi caballo, travieso y retozón. Juntos corremos por los jardines, galopando sin parar; saltamos entre las piedras y la hierba fresca.

Cuando mi caballo se cansa, lo dejo junto a la fuente, y me voy a cortar flores para mamá.

Ya descansado mi caballo travieso, lo vuelvo a montar y relinchando... iiii, iiii, llegamos adonde está mamá.

●●● 64 palabras ●●●

 Mi caballo es de cartón.

Mi caballo es de palo.

 Juntos corremos por el jardín.

Los dos corremos sin cansarnos.

Marca con ✗ lo que esté de acuerdo con lo que leíste.

☆ Platica con tus compañeros qué harías tú con un caballo de palo.

El corral

En la fresca mañanita cantó el gallo:
¡qui qui ri quí!

Las palomas blancas respondieron: curru
cu tu cu. Tuc, tuc, tuc, llamó la gallina.
Pío, pío, pío, contestaron los pollitos.
Cua, cua, cua, dijeron los patos cuando
corrían al estanque; mientras la rana
croaba: croac, croac, croac.

Cuando todos callaron, se escuchó
un largo muuuuu: mamá vaca llamaba
a su becerrito, quien, travieso, retozaba
en el pasto verde.

••• 71 palabras •••

Une cada animal con el sonido
que hace.

Pío pío pío

Tuc tuc tuc

Qui qui ri quí

Cua cua cua

Curru cu tu cu

Croac, croac, croac

Muuuu

☆ Juega a imitar cada animal. No olvides hacer su sonido.

La comida

Mamá está haciendo un rico pan;
es que hoy llega temprano papá.
Vamos pronto, hermanita, a poner
la mesa. Tú trae los platos; yo,
los cubiertos; aquí, los vasos sobre
el mantel.

  ¡Qué rico aroma, mamá! ¡Ya está ese
pan! ¡Qué bien huele! Y... ¡aquí está papá!
Trae sorpresas para todos y un ramo
de flores para mamá. ¡Qué lindo ramo!
Adornará nuestra mesa para comer.

  Adivinen niños, qué sorpresas
les trajo papá.

Dibuja qué hizo cada personaje.

La hermanita trajo...

El hermanito trajo...

Papá trajo...

Mamá hizo...

☆ Dinos cómo ayudas en tu casa.

Corderitos

Los corderitos saltan alegres
en la pradera, y el pastorcito los cuida.
Si se van lejos, los corretea, temeroso
siempre de perder alguno. Ha salido
temprano de su casa, para que sus
corderos puedan comer hierba verde.

Cuando termine la primavera,
el papá del pastorcito los trasquilará y
la lana se convertirá en estambre. Su
mamá hará con ella ropa para la
familia.

¡Bee... bee!, dirán los corderitos
al sentirse tan frescos.

●●● 83 palabras ●●●

 **Apoyo para leer**

Trasquilar es cortar la lana que cubre a los corderitos.

¿Qué se puede hacer con la lana?

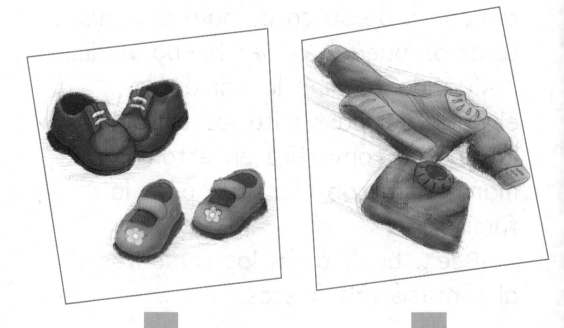

☆ Lee en voz alta a un compañero unas líneas de la lectura. Después, que él lea para ti.

La casa

En lo alto de la montaña hay
una casa blanca de tejas rojas; tiene
al frente un camino de piedras
y un abeto verde. Si llegamos al jardín,
por las ventanas podremos ver
una sala, un comedor, una cocina
y un dormitorio con tres camas. Todo
está muy limpio, muy bien acomodado.

¿Quién vivirá allí? ¿Unos enanitos?
¿O unos gatitos? ¿Quién será? ¿Será
un niñito con su papá y su mamá? Piensa,
pequeño, y lo que tú pienses, será.

●●● 81 palabras ●●●

Piensa en quién puede vivir en la casa de la montaña y escríbelo o dibújalo aquí.

La muñeca

Ayer me trajo papá una linda muñeca;
tiene el pelo de oro y la carita
sonriente, porque está contenta.
Está vestida de color de rosa y con
zapatos de cristal.

Me mira con sus ojos alegres y,
si la acuesto en su cuna, se duerme
sin llorar.

La llevaré de paseo; y cuando
se ensucie, le preparé una tina
de agua tibia para bañarla.

Lavaré su ropa y la tenderé al sol. Mientras descansa mi muñeca, pensaré en cómo llamarla. Ayúdame tú a buscar un lindo nombre.

••• 88 palabras •••

Comprensión  lectora

A veces usamos otras palabras para decir lo mismo, como cuando decimos *contento* y *alegre*.

¿De qué otra forma podemos decir *pelo*? Escríbelo y comprueba que dice lo mismo.

La muñeca tiene pelo de oro.

La muñeca tiene _____ de oro.

☆ Cuéntanos cómo es una muñeca que te guste, o cómo es tu muñeca.

Conejos

Tengo un conejo negro y un conejo blanco. Corretean en mi jardín y comen de todas las flores que mamá tiene allí.

Conejo blanco tiene los ojos rojos, se queda quietecito y luego salta, ligero.

Conejo negro se acerca a mí; pero, si quiero tocarlo, corre y se para junto a una piedra negra: así cree que ya no lo veo.

No seas tonto, conejo, sólo quiero acariciar tu pelo suave; ven, no me tengas miedo. Pediré a mamá una lechuga para mis conejos traviesos y alegres.

●●● 88 palabras ●●●

Comprensión  lectora

Escribe sí o no, según la lectura.

_____ Mi conejo está dormido.
_____ Tengo un conejo negro
y otro blanco.
_____ Comen de todas las flores.
_____ Mi conejo come lechuga.
_____ Conejo blanco tiene ojos rojos.

El osito

Un osito pardo que vive en la montaña busca panales de miel entre los pinos. Las abejas no lo quieren y él no sabe por qué.

Osito travieso, no robes a las abejas su miel; ellas trabajaron todo el día, mientras tú dormías.

—Vete de aquí, osito —le dice la abeja mayor—; busca moras entre las ramas y no vengas a interrumpir nuestra labor.

Y el osito se va triste, caminando despacito. De pronto, se encuentra una higuera fragante. ¡Qué feliz serás, osito, comiendo ese fruto dulce como la miel!

Comprensión lectora

Cambia el título de la lectura. ¿Cómo quieres que se llame?

¿Por qué el osito se puso triste? Escríbelo o dibújalo.

La ventana

Tengo en mi cuarto una ventana por donde me puedo asomar. Por allí veo todas las mañanas a los niños que, alegres, van a la escuela; al panadero en su bicicleta, con su gran canasta de pan. Pasan señores que van muy serios y automóviles que van de prisa.

Allá va el vendedor con su racimo de globos. Aquí viene el frutero; trae naranjas, piñas, duraznos y melones.

Pasa un perrito; luego una señora y, al fin, por la ventana, puedo mirar un carro que yo conozco muy bien: ¡es el de mi papá!

●●● 96 palabras ●●●

Comprensión  lectora

¿Por dónde se asoma el niño?

| azotea | puerta | ventana |

¿Cuáles frutas trae el frutero?

| piñas | uvas | naranjas |

Marca con ✗ las respuestas.

El cofre antiguo

Abuelita tiene un cofre antiguo al pie de su cama; en él hay lindas cosas. Si soy niña buena, me deja jugar con ellas. Una por una las va sacando y yo no me canso de mirarlas.

Hay una cajita de plata que toca tra la la la, un manto de seda y oro, abanicos de marfil, collares de bellas cuentas, carretes y mil tesoros más.

Cierra fuerte tus ojitos y busca en el fondo del cofre antiguo.

Si adivinas qué otras cosas puede guardar abuelita en su cofre, un día te invito a jugar con él.

••• 101 palabras •••

Comprensión  lectora

¿Qué guarda abuelita en el cofre?

Dibuja otro objeto que la abuela puede guardar en su cofre.

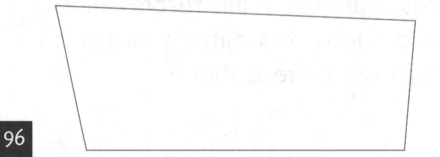

El cuarto de abuelito

En mi casa hay un cuarto que me gusta visitar. Tiene en medio una mesa con muchas cosas para jugar. Es el cuarto de abuelito, quien no se sabe enojar.

Desde la puerta lo veo en su mesa trabajar; escucha mis pasos y voltea para mirarme. "¡Si es mi muchachito!", exclama con ternura, y me toma en sus brazos.

¿Qué me irá a regalar de todo lo que hay en su mesa?: lápices de colores, papel para escribir, ganchos para hacer cadenas, cuentos para leer...

Y cuando me canso de tantos juegos, entre sus brazos me duermo y me pongo a soñar.

••• 106 palabras •••

Comprensión lectora

Escribe sí o no,
según la lectura.

_____ El abuelo me toma en sus brazos.
_____ El abuelo tiene una moto.
_____ En su mesa hay una máquina.
_____ En su mesa hay lápices y papel.

Animales del agua

Tengo una fuente cristalina a la entrada de mi jardín; en ella habitan mil animales.

Hay pececitos dorados, azules y rojos; tortugas traídas de Japón; también caracoles de río que caminan para atrás y cuatro ranas verdes que alegran con su croar.

Cuando llego del colegio, corro a ver cómo nadan mis amiguitos en el agua clara.

Las ranas se empujan con sus patas traseras; los caracoles se mecen como barcos hundidos; las tortugas, que en la tierra son torpes, allí nadan ligeras; los peces de colores se deslizan con suavidad. Con elegancia mueven sus colas y, nadando con languidez, se esconden entre las rocas del fondo.

••• 110 palabras •••

Comprensión lectora

En la fuente hay...

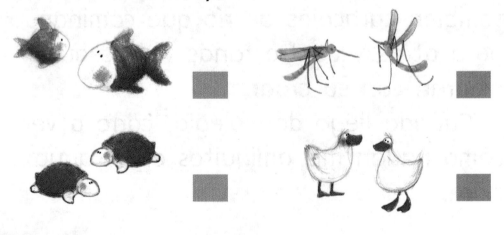

A esta casa, que es mi colegio, llegué un día a estudiar. Mi maestra me llevó, paso a paso, por un mundo encantado.

Conocí a unos duendecillos llamados números, al igual que a unas diminutas hadas: a, b, c, d, quienes, tomadas de las manos con sus otras hermanas, me enseñaron todos sus secretos.

Ahora, cuando salgo con papá y mamá, puedo con gusto leer palabras que veo al pasar por la calle.

También, en mis libros, descubrí
el país de los cuentos. Nunca olvidaré
esta casa, mi segundo hogar, ni a mi
maestra tan querida.

●●● 96 palabras ●●●

Comprensión lectora

¿Qué título le pondrías a la lectura?

_____

Escribe algo para tu maestra
o maestro.

Rayito de luna

En un rayito de
llegó el mago del ensueño
hasta la mullida cuna
de mi niñito moreno;
cerró sus párpados luego
y en sus largas pestañas
temblaron sueños de ☁.

Se fue mi niño a viajar
y en el rayo de la

llegó hasta la orilla del mar,
subió a los cielos y, alegre,
vio los luceros brillar,
y vio desfilar cometas,
lunas y constelaciones,
y a los planetas danzar...

Hasta que, al fin, mi niño,
en su rayito de 🌙 ,
contento volvió al hogar.

••• 90 palabras •••

☆ Canta o acompaña con movimientos este poema. Puedes cambiar algunas
palabras, si quieres.